AF230477

LA SITUATION

FINANCIÈRE

DE L'ESPAGNE

LA SITUATION

FINANCIÈRE

DE L'ESPAGNE

PAR

M. POLO

DÉPUTÉ AU CONGRÈS, MEMBRE DE LA COMMISSION DU BUDGET

1864-1865

PARIS

IMPRIMERIE DE J. CLAYE

RUE SAINT-BENOIT, 7

1864

AVANT-PROPOS

L'Espagne est, depuis près d'une année, en proie à une crise financière dont la gravité est telle qu'à aucune autre époque les finances publiques n'ont été dans une situation plus périlleuse.

A bout d'expédients, M. Salaverria, le ministre des finances, dont l'incapacité sera un jour proverbiale, vient de soumettre au congrès des lois de crédit qui accusent chez leur auteur une imprévoyance qui n'est égalée que par son ignorance des principes économiques les plus élémentaires.

Le remarquable rapport que M. Polo, en sa qualité de membre de la commission du budget, vient de présenter, montre sous son vrai jour la situation économique de l'Espagne. Basée sur des documents officiels, appuyée par des chiffres irréfutables, l'opinion qu'il émet, avec la réserve et la modération que

comportent les usages parlementaires de ce pays,
acquiert une autorité que ne saurait avoir une étude
libre.

Nécessairement circonscrite dans les limites d'une
appréciation budgétaire, cette page de l'histoire financière de l'Espagne emprunte aux circonstances actuelles une importance exceptionnelle.

Voué par goût aux études économiques, profon-
dément versé dans le mécanisme administratif dè son
pays, M. Polo, en prenant le parti de révéler avec
franchise les maux du présent et les dangers de l'avenir,
en appelant sur une situation périlleuse, mais non désespérée, l'attention du congrès en s'appuyant sur le
puissant levier de l'opinion publique, rend un véritable service à son pays et à tous ceux qui, au dehors
sont intéressés à la prospérité de l'Espagne.

Nous avons cru devoir, en traduisant ce document,
lui conserver sa physionomie originale et son vrai ca-
ractère. Peut-être les lecteurs français, habitués aux
termes concis et aux formes nettement arrêtées du
style économique, trouveront-ils que ce travail, un
peu diffus, aurait gagné en force et en clarté à être
condensé en un petit nombre de pages; mais nous
devons faire observer qu'en Espagne, où les notions
financières sont encore à l'état rudimentaire et où,

malheureusement pour ce pays, même dans le monde politique, on met un certain amour-propre à afficher l'ignorance dans ces matières, il était indispensable, pour être compris, de présenter les mêmes idées sous des formes propres à les vulgariser.

(NOTE DU TRADUCTEUR.)

LA SITUATION
DES FINANCES

DE L'ESPAGNE

En soumettant au Congrès un rapport de minorité sur la question des finances de l'État, le soussigné est mû uniquement par le sentiment du devoir que lui impose l'accomplissement de son mandat de député et de membre de la commission du budget.

Il croirait manquer à ses obligations envers le pays, en renonçant à exposer ses idées touchant la direction et l'administration des finances publiques, quoique dans les circonstances présentes il eût préféré se renfermer dans le silence; mais, obligé à parler, il pense qu'il faut tout dire, et qu'en matière de finances et de crédit, la vérité et la publicité sont d'autant plus nécessaires, que la situation est difficile et critique.

En effet, lorsque le mal et la cause qui l'a produit sont clairement démontrés au pays, et qu'en regard on lui indique les moyens d'y remédier, l'opinion publique donne au pouvoir la force nécessaire pour les appliquer.

Dominé par cette croyance, le soussigné regrette de ne

pas être en parfaite communauté d'opinions avec ses hono
rables collègues, et d'être appelé, ainsi qu'il le fait, à émett
un jugement de minorité sur la véritable situation de n
finances.

Il le fera sans faiblesse comme sans prévention, sa
atténuation ni exagération, comme il l'a déjà fait dans d'au
tres circonstances, et avec d'autant plus de modération, qu
les faits viennent aujourd'hui justifier, malheureusemen
toutes ses anciennes prévisions.

Ce qui frappe tout d'abord dans l'examen de la situatio
économique, c'est le défaut d'équilibre entre les recettes e
les dépenses publiques.

Dans le budget présenté le 15 février dernier, les recette
de toute nature, prévues pour la prochaine année économi
que, s'élèvent à **2,146** millions* (**2,146,959,000**), tandi
que les dépenses ordinaires et extraordinaires, seront d
2,612 millions (**2,612,380,176**); donc, par conséquent
un déficit de **465** millions (**465,421,166**) auquel il convien
d'ajouter **120** millions au moins pour le service insuffisam-
ment prévu dans le budget des intérêts de la dette flottante
et consolidée (1), et **200** millions au moins que nécessiteront, pendant la même période, les subventions aux compa-
gnies de chemins de fer. En sorte que les dépenses totales
de l'exercice atteindront **2,932** millions (**2,932,380,176**),
laissant ainsi un découvert de **746** millions (2) pour lequel

---

* Tous les chiffres indiqués sont des réaux de veillon. Chaque réa
vaut **26 1/3** centimes.

(1) Les chiffres placés entre parenthèses renvoient aux notes imprimées
à la fin.

il faudra, tôt ou tard, faire appel au crédit, aggravant par conséquent, les charges de la dette publique.

Ce déficit n'est pas un fait accidentel, transitoire ; il passe à l'état normal ; il est devenu permanent dès 1859 (3), non-seulement pour satisfaire aux dépenses extraordinaires des travaux publics, mais aussi pour couvrir les besoins ordinaires, sans cesse croissants, de tous les ministères, et doit se perpétuer, en conséquence de lois votées dont l'exécution comporte ce surcroît de dépenses, jusqu'à l'année 1867. — A partir de 1867, rien ne fait malheureusement supposer qu'il soit possible de rétablir l'équilibre, les dépenses courantes de tous les ministères tendant, au contraire, à s'accroître de jour en jour.

Ce déficit permanent est la conséquence naturelle du système appliqué par le ministère actuel des finances.

En effet, on se rappelle qu'avant de présenter la loi du 24 mars 1859, créant le budget extraordinaire, il fut établi, par les mémoires qui précédèrent la discussion, qu'il faudrait, non les 2,000 millions prévus et demandés, mais bien 4,490 millions pour satisfaire aux plus urgentes nécessités du service.

Ces prévisions ne tardèrent pas à être confirmées par les faits, puisque le Congrès eut à voter, dès lors, 467 millions par la loi du 22 mars 1861, et 351 millions par la loi de mai 1863, en sus des 2,000 millions déjà concédés par la loi du 24 mars 1859.

Cette nécessité apparaît avec une évidence irrésistible lorsqu'on examine avec l'attention nécessaire les chapitres des dépenses de chaque ministère.

Personne ne pourrait soutenir que le budget de la guer[re]
permette de couvrir, même incomplétement, les dépenses d[u]
matériel, celles de l'entretien des bâtiments militaires et l'[é]
dification des fortifications, en imposant à ce ministère [la]
suppression des 50 millions qui lui sont attribués aujou[r]
d'hui par le budget extraordinaire.

Qui oserait affirmer qu'en retranchant du budget de [la]
marine les 82,500,000 qu'elle reçoit annuellement, à titre d[e]
subvention par le budget extraordinaire, on pourrait main[
tenir notre flotte dans son état actuel?

Peut-on davantage retrancher du budget de grâce [et
justice les 12,500,000 qui se dépensent annuellement pou[r]
l'entretien et la réparation des églises de toute l'Espagne[,]
des couvents et de tous les édifices destinés à l'administra[
tion de la justice?

Les 10,825,000 affectés au ministère de l'intérieur pou[r]
tous les édifices de bienfaisance, prisons, bagnes et télégra[
phes, ne sont-ils pas une dépense de première nécessité?

Enfin, peut-on retirer au ministère des finances le[s]
7,500,000 qui lui sont alloués pour la construction de tou[s]
les édifices, fabriques, ateliers, mines, etc. (4)?

Non, malheureusement non, lorsque arrivera le budge[t]
de 1867, aucune de ces économies ne sera réalisable, et tou[t]
nous porte à croire, au contraire, que les besoins croissant[s]
de ces services motiveront une augmentation de dépenses[.]

Indépendamment des 163,325,000, qui forment ainsi l[a]
moyenne des dépenses, improprement appelées extraordi[
naires, il faut ajouter 183,825,000 représentant aussi l[a]
moyenne des dépenses relatives aux travaux publics, car l[

suspension de ces travaux ne supporte pas la discussion. Il y a une force majeure qui oblige et obligera toujours le Gouvernement à continuer les travaux commencés pour lesquels les prévisions du budget extraordinaire seront indubitablement dépassées. En outre, dans nombre de provinces, les travaux de constructions de routes sont retardés, et il faudra nécessairement, pour les exécuter, des ressources nouvelles (5); donc, en aucun cas, on ne peut raisonnablement espérer une diminution de dépenses relatives à ce chapitre.

Il est donc évident que dans le système actuel de nos finances, le budget *extraordinaire* ne représente que des dépenses *ordinaires*, courantes, permanentes, et que la qualification d'extraordinaires est une pure fiction; ces dépenses, à partir de 1867, continueront par la loi de la nécessité comme elles le font aujourd'hui par les lois du Royaume.

Nous démontrerons plus loin que le service des intérêts de la Dette publique exigera, avant 1867, 293 1/2 millions (293,758,260), en sus de la somme actuellement portée, lesquels, ajoutés aux 163 1/2 millions (163,325,000), dépenses des divers ministères, porteront à 457 millions le déficit que l'extinction des ressources du budget extraordinaire laissera au budget ordinaire à la fin de l'année économique 1866; et, de plus, les dépenses relatives aux travaux publics et aux subventions aux chemins de fer.

Peut-on espérer que ce déficit sera atténué par l'augmentation naturelle des recettes? Malheureusement non. Ce serait une illusion : ainsi, en 1858, les recettes du budget s'élevaient à 1,775 millions; en 63-64, à 2,108 millions. Donc, de 1858 à 1864, soit en cinq ans et demi, il y a eu une augmentation de 333 millions dans les recettes, soit un accroissement moyen annuel de 60 millions.

Mais à cette augmentation de recettes ordinaires correspond un accessoire équivalent dans les dépenses ordinaires qui, de 1,775 millions en 1858, s'élèveront à 2,098 millions pour l'année économique de juillet 1863 à juin 1864, en admettant qu'il n'y aura pas à voter de crédits supplémentaires, soit 223 millions, ou en moyenne, 58 millions annuels, ce qui balance, à peu de chose près, le surcroît de recettes par le surcroît de dépenses.

Examinons maintenant si cette augmentation moyenne de recettes de 60 millions par année, peut être considérée comme normale, et résulte, comme les dépenses qui lui correspondent, du développement de la richesse publique. Ici encore la réponse nous fournit de nouveaux arguments pour la condamnation du système financier qui nous régit, car si l'augmentation de la richesse publique a contribué, dans une certaine mesure, à élever le chiffre des recettes, la plus forte part de leur accroissement provient des augmentations imposées à la contribution industrielle, aux tabacs et impôts de consommation. Donc, si des circonstances accidentelles, comme, par exemple, l'état de nos Antilles, ont pu occasionner des dépenses exceptionnelles, des ressources également nouvelles ont été créées; mais le déficit du budget ordinaire, pour les trois dernières années, s'élevant à 493 millions, il n'existe aucune raison sérieuse d'espérer qu'avec le système actuel, l'équilibre, depuis si longtemps rompu entre les recettes et les dépenses, puisse jamais être rétabli (6).

Par conséquent, loin de pouvoir espérer que l'augmentation actuelle des recettes vienne diminuer le déficit de 640 millions prévus pour 1867, il faut, au contraire, s'attendre à ce que de nouvelles différences dans le budget ordinaire viendront augmenter le chiffre que nous signalons. Cette opinion est basée sur les faits qui montrent la situation présente et à venir de nos finances sur son véritable jour.

Il va sans dire que nous ne prétendons pas que nos calculs se vérifieront avec une précision mathématique. Mais nous maintenons qu'ils expriment la vérité sur notre situation économique. Nous disons que, jusqu'à l'année 1867, c'est-à-dire pendant une période de huit années, les ressources extraordinaires ont été insuffisantes, et qu'à partir de 1867, il faudra recourir au crédit pour faire face à une forte part des dépenses ordinaires de tous les ministères et des intérêts de la Dette qui, par le fait de l'augmentation du découvert, vont toujours croissant.

Donc, à partir de 1867, pour subvenir aux dépenses des travaux publics, à une partie notable des dépenses ordinaires et à l'augmentation considérable des intérêts de la Dette, il faudra, dans une large mesure, recourir au crédit. Cette nécessité frappe les yeux, et les hommes les moins versés dans les questions financières comprendront combien est grave et menaçante pour l'avenir une situation économique, fruit d'un système d'expédients qui consiste à vivre au jour le jour, faisant un trou pour en boucher un autre.

La conséquence de ce funeste état de choses sera, ainsi que nous l'avons dit, un accroissement continuel de la Dette publique et des intérêts à payer : ainsi, dans le budget

actuel, le service des intérêts de la Dette figure pour 420 r
lions, somme qui est inexacte, puisqu'elle ne comprend
toutes les charges de la Dette flottante. Mais, en 1867, le s
vice seul des intérêts s'élèvera à 713 millions (713,759,2
et à 879 millions en 1870; c'est-à-dire, pour 1867, 293 r
lions (293,759,270) de plus que la somme figurant
budget actuel, et, en 1870. 541 millions (541,683,35
c'est-à-dire plus que celle figurant au budget de 1859.

La démonstration est palpable : 2.818 millions ont
affectés, par les trois lois que nous avons précédemm
citées, aux dépenses extraordinaires jusqu'à l'année 18
et cette somme sera évidemment dépassée. De plus, les in
rêts à 6 pour 100 de ces 2,818 millions (7), sont 583 m
lions (583,324,000); ils viendront successivement s'ajou
à la somme capitale, puisque l'État en fournit la contr
valeur en inscriptions aux corporations. Or, d'après les c
penses en cours d'exécution, les subventions aux chemi
de fer s'élèveront, en capital et intérêts, à 1,771 millions (
et le déficit des budgets ordinaires, y compris le budget a
tuel, sera au moins de 1,000 millions (9).

Avant 1867, et en conséquence des lois de crédit de
loi sur les chemins de fer et des déficits des budgets,
Dette publique sera augmentée, en capital, de 6,172 millio
(6,172,321,000) et en intérêts de 370 millions (370,339,26
annuellement (10).

De ces 370 millions, il convient de déduire :

1° 30 millions (30,580,000), qui figurent déjà dans
chapitre de la Dette pour les inscriptions en faveur des co
porations civiles, et qui font partie de celles à payer en co

séquence de la loi de mars 1859 (11); 2° 36 millions qui figurent actuellement au budget pour intérêts de la Dette flottante, et qui font partie, par conséquent, des 370 millions déjà signalés; 3° 10 millions de la Dette du matériel que la prochaine extinction laissera libres. Total 76 millions (76,580,000) pour les trois sommes à retrancher comme faisant double emploi, ce qui laisse un surcroît net de 293 millions (293,759,260).

Ces 293 millions seront à ajouter nécessairement, en 1867, aux 420 millions qui figurent aujourd'hui au budget, puisque les capitaux dont ils sont la rente sont dépensés. S'ils ne figurent pas maintenant au chapitre des intérêts de la Dette, c'est qu'on les paye au moyen de la Dette flottante ou qu'on les confond dans les opérations de crédit ou négociations de billets de biens nationaux; mais, tôt ou tard, il faudra bien les porter au débit de la nation, dont ils augmenteront la Dette. Ce sera donc 293 millions à ajouter aux 420 qui se payent aujourd'hui, soit, en 1867, 713 millions (713,758,260).

Nous avons avancé que la Dette sera augmentée de 6,172 millions (6,172,321,000). Si on retranche de cette somme 414 millions (414,604,269), déficit des budgets antérieurs à 1859, on trouve que la somme dépensée sous la rubrique du budget extraordinaire de 1859 à 1867, sera de 5,757 millions (5,757,716,731), qui se décomposera comme suit :

1,471 millions pour travaux publics;

1,387 millions subventions aux chemins de fer;

2,858 millions, dépenses reproductives.

1,347 millions par les ministères de Guerre, Grâce et J[us-]
tice, etc.

583 millions (583,321,000) intérêts de 1859 à 1867 [de]
la Dette contractée pendant cette pério[de.]

384 millions (384,372,620) intérêts et amortissement [des]
obligations des chemins de fer.

493 millions, déficits des budgets pendant ces mêm[es]
années.

2,807 millions (2,807,693,620) représentant des dépen[ses]
non reproductives ni réellement extra[or-]
dinaires.

5,757 millions, somme égale.

Augmentation de la Dette de 1859 à 1867 :

2,858 millions, dépenses reproductives.

2,899 millions, dépenses improductives et ordinaires.

5,757 millions, capital.

Augmentation des intérêts de la Dette :

171 millions (171,480,000) correspondant aux dépen[ses]
reproductives.

168 millions (168,461,617) résultant de dépenses or[di-]
naires.

339 millions, intérêts.

Mais reprenons notre raisonnement. Nous venons [de]
dire qu'en 1867 les intérêts de la dette montaient [à]
713 millions (713,758,260), en suivant les mêmes err[ements]

ments, ils atteindront, en 1870, 869 millions (869,318,384).

Cette prévision est d'une démonstration facile. Nous avons vu que, dès 1867, le déficit sera de 640 millions (640,909,260). Admettons l'hypothèse, cependant impossible, de la cessation complète des travaux publics qui amènerait une réduction de 183 millions (183,825,000) il resterait 457 millions, augmentation annuelle de la Dette publique et, par conséquent, en 1867-1870, augmentation de 119 millions (119,559,124) (12) dans le service des intérêts auxquels il faut ajouter 36 millions pour la Dette différée qui sera alors devenue du 3 p. 100, soit 155 millions (155,559,124) qui, avec les 713 millions susénoncés (713,758,260), forment bien la somme de 869 millions (869,318,384) pour le service des intérêts de la Dette à partir de 1870.

On pourra objecter avec une apparence de fondement qu'en regard de cet énorme accroissement des charges publiques tant en capital qu'en intérêts, il y aura des réductions provenant de l'amortissement annuel des consolidés et différés, ainsi que la rente correspondante aux capitaux que produira la vente des biens du clergé. Mais au fond, l'excédant de ces produits sur les revenus actuels des biens est déjà compris dans les prévisions budgétaires comme un des éléments de l'accroissement successif des recettes (13).

Cependant considérons, si on veut, ces diminutions comme un véritable amortissement aussi bien en capital qu'en intérêts, ne sera-t-il pas effacé et bien au delà par les dépenses des travaux publics qu'il faudra poursuivre après comme avant 1867. lesquels. comme nous l'avons dit,

entraînent une dépense de 183 millions (183.850,000),
qui, de 1867 à 1870, accroîtra la Dette de 801 milli
(801,447,000) en capital, et 46 millions en intérêts (1
En outre, d'ici à 1870, les conversions des anciennes Det
seront fort près d'être terminées, ce qui ajoutera une som
assez importante au chapitre des Dettes consolidées
l'État. Il ne faut pas perdre de vue non plus que le règl
ment de la Dette d'outre-mer et des offices aliénés de
Couronne imposera de nouvelles charges au budget; et
ces causes certaines ajouter la probabilité d'un déficit da
les budgets de 1864 à 1870, et tous les événements impi
vus qui, durant six années, peuvent inopinément occasio
ner des dépenses.

Il est donc certain, évident, que nous sommes bi
plus en deçà qu'au delà de la vérité en maintenant que
continuation du système financier actuel aura pour résult
inévitable une augmentation progressive des charges de
Dette dont les intérêts s'élèveront au moins à 809 millio
en 1870. Cependant nous ne donnons aucune importance
ce chiffre; que ces 869 millions soient réduits à 769 (15
en admettant que les produits des biens du clergé et l'a
mortissement annuel de la Dette ne soient compensés pa
aucune autre dépense, ou qu'il s'élève à 940 millions (10
par les causes que nous avons déjà indiquées, peu nor
importe : le péril de la situation n'est pas dans une charg
annuelle en plus ou en moins de 100 à 150 millions
il est, selon notre conviction, dans le vice radical d
système suivi dès 1859, système qui a pour résultat u
déficit annuel de 500 à 600 millions, et nous conduit fata

lement à la ruine de nos finances et à une inévitable catas-
trophe.

Un des éléments qui composent notre Dette publique,
la Dette flottante, doit spécialement appeler notre attention,
parce qu'il est un véritable péril par suite des proportions
fabuleuses qu'elle a prises.

Au 1er mars dernier, la caisse des dépôts devait la
somme énorme de 1758 millions, presque entièrement dépensée. De plus, la Banque a escompté ou avancé sur pagarés et obligations 400 millions, ce qui est une véritable
anticipation de ressources. Si on ajoute à ces chiffres les
sommes dues par le Trésor pour prêts temporaires et payements retardés, ainsi que les recouvrements anticipés effec-
tués dans les provinces pour faire face aux demandes de
remboursement faites à la Caisse des dépôts qui, contraire-
ment à ce qui avait eu lieu pendant les dernières années,
ont dépassé pendant les premiers mois de 1864 le montant
des versements, on trouve que le Trésor a dû faire face à un
remboursement de 171 millions (17) qu'il a dû nécessairement se procurer par les moyens que nous venons d'indiquer.

Mais reprenons notre examen.

Au 1er mars, la Dette flottante s'élève à **2,158** millions
sur lesquels **350** millions peuvent et doivent être considérés
comme dépôts obligatoires et non exigibles.

Le même raisonnement s'applique aux 400 millions
avancés par la Banque ; il reste donc 1,408 millions parfai-
tement exigibles à bref délai, auxquels il convient d'ajouter,
comme nous l'avons dit plus haut, les payements retardés et
les prêts faits au Trésor.

Ces chiffres (18) sont trop éloquents pour qu'il soit
cessaire d'ajouter aucun commentaire sur la gravité e
danger immédiat d'une pareille situation ; qu'on les dimir
si l'on veut, de 100 ou de 200 millions (19), le péril se
t-il moins pressant? Que si on prétend que cette redouta
crise, toujours menaçante pour notre honneur financi
peut être conjurée par les 3,000 millions et plus d'obli
tions d'acheteurs des biens nationaux existant actuellem
ou devant résulter des ventes à effectuer à l'avenir, no
répondons que c'est se bercer d'une illusion et nourrir
espérances chimériques. Supposons, en effet, telle circo
stance qui provoque une panique. Sera-t-il possible de tro
ver des acheteurs pour les biens nationaux, sans faire
sacrifices énormes sur les prix de vente? Sera-t-il davanta
possible de tirer parti autrement qu'à des conditions us
raires des pagarés ou obligations des acheteurs de ces bie
quand nous voyons, en temps ordinaire, les difficultés q
rencontre cette réalisation?

Ces obligations, d'ailleurs, ne sont pas un capital disp
nible destiné à parer aux besoins présents, leur produit
affecté aux dépenses prévues pour les prochains budgets.

En admettant même, ce qui est pour nous, quoi qu'
en dise, fort problématique, que ces valeurs puissent ê
réalisées, leur négociation ne se fera-t-elle pas à des conditio
plus onéreuses que celles auxquelles on pourrait se proc
rer les fonds nécessaires en faisant franchement un appel a
crédit (20)?

N'est-il pas superflu de développer de pareils raisonn
ments? Les faits ne démontrent-ils pas eux-mêmes, et ju

qu'à l'évidence, les résultats produits par le système suivi jusqu'ici et ceux auxquels doit conduire sa continuation?

Une dette flottante de 2,158 millions; une augmentation telle de la Dette consolidée, que le service seul des intérêts emploiera 713 millions en 1867 (713,759,260), et plus de 869 millions (869,318,384) en 1870, telle est la perspective qui nous est offerte; et, de plus, un déficit normal de 457 millions à partir de 1866, si on abandonne les travaux publics, et de 640 millions si on les continue.

Le mal étant connu, quel est le remède? C'est ce que nous allons tâcher d'indiquer brièvement.

En ce qui touche la Dette flottante, qui est le danger le plus immédiat, il est évident qu'il faut la ramener le plus promptement possible dans des limites raisonnables, et pour cela deux moyens se présentent :

L'un par une émission de 3 pour 100.

L'autre par une négociation sur obligations de biens nationaux (21).

Nous nous prononçons d'emblée et sans hésiter en faveur du premier moyen qui nous paraît réunir les meilleures chances de succès et d'économie.

Le 3 pour 100 espagnol est une valeur universellement connue, répandue sur tous les marchés financiers de l'Europe, d'une négociation courante et facile, et s'appropriant plus que tout autre titre espagnol aux goûts et aux habitudes des capitalistes étrangers.

Par conséquent, une grande opération en rente 3 pour 100 ayant pour conséquence la couverture complète de la Dette flottante présenterait trois avantages palpables :

D'abord une économie sensible dans le prix de revie
de l'argent, puisque le 3 pour 100 aux cours actuels repi
sente un loyer de 6 pour 100 ;

Ensuite d'attirer dans le pays les capitaux étrange
dont il a absolument besoin ; la balance du commerce, éta
contre nous, a motivé de fortes exportations de numérai
ce qui cause la crise monétaire qui sévit depuis plusieu
mois sur toutes les places de commerce de l'Espagne ;

Enfin, de conserver les obligations, qui sont une ressoui
nécessaire pour faire face à des besoins certains et prévus,
d'éviter pendant plusieurs années de nouveaux appels au créd

La négociation des obligations (22) présente, au co
traire, des inconvénients nombreux ; elle sera d'une réalis
tion difficile, parce qu'il s'agira de valeurs nouvelles, inco
nues, n'ayant pas de marché, et, conséquemment, se fe
dans des conditions moins avantageuses et blessantes po
notre honneur et notre crédit, en affectant un gage hypoth
caire comme garantie, se privant ainsi volontairement d'u
ressource nécessaire, et ouvrant la perspective d'une sé
d'emprunts futurs pour couvrir les dépenses engagées.

On dira probablement que la négociation des obligatio
permettra d'ajourner une émission de 3 pour 100 jusqu'a
moment où les cours de ce fonds seront plus élevés ; ma
ce sont là des espérances éventuelles et trompeuse
car une négociation avec titres en garantie à un tau
élevé n'est pas un motif de hausse pour les fonds public
et ce d'autant mieux que les nouvelles valeurs créées vien
dront faire concurrence aux anciennes ; puisqu'elles sero
émises à des cours plus favorables aux prêteurs que ceu

de la rente, celle-ci devra être nécessairement dépréciée.

Notre opinion, ainsi formulée sur la manière la plus convenable d'arriver à la réduction de la Dette flottante, considérant comme très-dangereux l'emploi du moyen que nous repoussons, nous devons essayer de rendre palpables les raisons sur lesquelles nous nous fondons.

Nous répétons donc :

Que les dépenses extraordinaires *déjà votées*, et qui sont à solder avant 1867, s'élèvent à. 806,000,000

Jusqu'à la même époque, il faudra employer aux travaux des routes. 200,000,000

Les déficits budgétaires, par suite de la situation de nos colonies, ne s'élèveront certainement pas à moins de. 250,000,000

Nous avons démontré que la continuation du système actuel aura pour effet certain un déficit qui, pour les années 67, 68, 69 et 70, ne peut être calculé au-dessous de 1,992,652,073

Nous avons établi de même que les travaux publics nécessiteront pendant ces quatre années. 782,229,072

Et que la Dette flottante annuelle est de plus de. 2,000,000,000

Nous sommes donc menacés d'avoir à payer, jusqu'à l'année 1870. . . . . . R. 6,030,881;145 de plus que les recettes naturelles de l'État !!

Il faut envisager en face cette terrible perspective et ne pas fermer les yeux à l'évidence pour ne s'occuper que des besoins du moment.

Sacrifier l'avenir au présent en réalisant avec une pe.
de 700 à 1,000 millions les 2,500 à 3,000 millions d'ob
gations que pourront fournir les biens de l'État et du cler
vendus ou restant à vendre (23), et se priver ainsi d
moyens de satisfaire 4,000 millions qui resteront à couv
dans les prochains budgets !

La prudence conseille de ramener, ce qui aujourd'h
est facile par une émission de rente, la Dette flottante à s
limites régulières, et, au moyen de la ressource des oblig
tions des acheteurs de biens, de se ménager les moyens
faire face aux dépenses engagées, éloignant ainsi de pl
sieurs années la perspective d'un nouvel appel au crédit.

Abandonner l'avenir de notre situation financière au c
price du hasard quand la situation de l'Europe peut fai
naître des événements qui rendraient peut-être difficile t
emprunt au-dessus de 40 pour 100, n'est-ce pas assum
une immense responsabilité? Pour notre part, nous ne voulo
pas courir les aventures, et nous proposons, pour la réduc
tion de la Dette flottante, la plus simple, la plus facile et l
plus économique des opérations financières.

Nous allons jeter un coup d'œil rapide sur les autres par
ties de la Dette publique, sans traiter avec l'extension qu'elle
comportent les importantes questions qui s'y rattachent, at
tendu que ce que nous aurions à dire perd de son intérêt e
face de la démonstration que nous avons faite du rapide accroissement de la Dette dont nous menace, d'ici à 1870, l
continuation du système pratiqué aujourd'hui.

Le payement des intérêts de la dette publique est, pou
le budget, une charge considérable qu'il est impossible d'al-

léger, puisqu'elle résulte de dépenses consommées, et sur lesquelles il n'y a pas à revenir; mais on doit rechercher les moyens de faire cesser leur accroissement continuel, et alors, grâce au développement (24) de la richesse publique et au développement des facultés productives du pays, ainsi qu'à une sage administration financière, trouver des ressources nouvelles que les contribuables fourniraient facilement. C'est l'œuvre du temps, et il n'y a pas un instant à perdre pour l'entreprendre, ou bien nous verrons, malgré l'accroissement des recettes, arriver le jour où le pays succombera sous le poids de ses engagements (25).

Ainsi, pour nous, la question de vie ou de mort pour nos finances est l'équilibre de nos budgets.

Nous allons donc examiner la situation présente et à venir de notre dette, à laquelle se rattachent toutes les grandes questions financières, les craintes et les périls que fait naître la situation générale de nos finances.

Nous l'avons démontré, le déficit existe aujourd'hui avec le budget extraordinaire, et ira toujours en augmentant par suite de l'accroissement forcé des intérêts de la dette, jusqu'à pouvoir être évaluée à 640 millions pour l'année 1867. Ici, les chiffres sont inflexibles :

163 millions (163,325,000), dépenses des diverses annuités.

293 1/2 millions (293,759,260), augmentation des intérêts de la dette.

183 millions (183,825,000) pour les travaux publics.

Total 640 millions, sans compter les subventions aux chemins de fer.

Si ces chiffres ne sont pas d'une exactitude rigour
qu'on ne peut rencontrer que lorsque les exercices sont c
nous pouvons néanmoins affirmer à coup sûr, qu'ils son
deçà plutôt qu'au delà de la vérité, et qu'ils expriment co
quemment la position vraie et incontestable de nos finan

En présence d'un pareil danger, pouvons-nous ı
croiser les bras et laisser, d'année en année, la mal
s'aggraver à tel point qu'elle devienne désespérée?

Si la situation n'était pas connue, on pourrait s'enc
mir dans une sécurité trompeuse; mais, dévoilée comme
l'est jusqu'à l'évidence, c'est un devoir étroit pour tous
hommes publics de prendre d'urgence des mesures fer
et énergiques qui, seules, peuvent nous conduire à l'équil
de nos budgets.

La première de toutes est de stimuler et d'éclairer l'
nion publique, que toutes les classes de la société, le vill
comme la ville, que le pays tout entier, jusqu'ici malh
reusement si étranger aux questions économiques, conna
et comprenne notre situation financière; alors, avec l'ap
énergique de l'opinion publique, il deviendra possible
réaliser les grandes réformes commandées par cette dés
treuse situation.

Alors, avec ce levier puissant de l'opinion, il sera fa
de mettre en pratique un système d'économie et d'augm
tation de recettes, qui ne nous conduira pas immédiatem
à l'équilibre si désirable entre nos recettes et nos dépens
mais qui, par l'accroissement progressif des unes et la di
nution bien entendue des autres, nous ramènera peu à
à une situation régulière.

On peut déjà reconnaître par les efforts qui ont été tentés dans cette double voie qu'il est absolument nécessaire, pour faire un travail efficace, d'adopter un système d'investigations bien ordonnées, et d'agir sur l'ensemble des dépenses et non isolément sur des chapitres ou des ministères, et combiner la dotation de chaque service avec les ressources dont on dispose; peut-être quelques besoins utiles ne seront-ils qu'incomplétement satisfaits, mais il est bien plus important, avant tout, d'arrêter la marche ascendante du déficit, et d'arriver, au prix de tous les sacrifices, à le faire disparaître tout à fait. Sans doute que dans notre pays il y a beaucoup de choses à faire pour le mettre au niveau des progrès accomplis par d'autres nations, mais ne vaut-il pas mieux cent fois différer de quelques années des subventions utiles, que de grever l'avenir de telle façon que toutes les ressources du pays ne pourront suffire à couvrir ses charges.

Il convient donc d'examiner avec soin quelles sont les dépenses absolument indispensables, et ajourner celles qui peuvent attendre des temps meilleurs, et surtout dans la fixation des dépenses, faire abstraction des influences personnelles qui exercent une si grande action sur la répartition des dépenses budgétaires.

Dans tous les ministères et dans toutes leurs dépendances, il est incontestable qu'il y a un personnel excessif.

Dans tous les services, les influences personnelles sont plus écoutées que les besoins réels de l'administration ne le comportent, et le favoritisme impose une des plus lourdes charges aux ressources de l'État; et, au lieu de citoyens utiles adonnés à un travail productif et contribuant aux reve-

nus de l'État, on crée des parasites qui, vivant à ses dép
et ne produisant rien, lui causent ainsi un double préjudi

Tenter sérieusement des économies isolées sans cherc
à diminuer le personnel, sans réduire les traitements exc
sifs et les sinécures, serait tenter l'impossible. Sans dou
il y aura à faire de douloureux sacrifices de personnes et
choses, mais le salut du pays l'exige impérieusement,
devant la loi de la nécessité, les aspirations les plus légi
mes, les ambitions nobles et patriotiques doivent se résign
attendre des temps meilleurs.

Le chef d'une grande nation voisine a pu dire qu'e
était assez riche pour payer sa gloire. L'Espagne, mo
influente, mais non moins grande, est assez riche pour sc
tenir sans tache et sans crainte, même jusqu'à une soupçc
neuse exagération, sa dignité et son honneur, sa sécurité
son indépendance. Mais ce devoir impérieux rempli, il
importe de ne pas consumer vainement à l'extérieur l
forces qui doivent contribuer au développement de sa
chesse naturelle : elle doit, au contraire, se recueillir
augmenter ses forces, car il est reconnu, aujourd'hui, q
les bonnes finances font la bonne politique.

Appliquant cette maxime, nous dirons qu'aujourd'hui
bonne politique extérieure, bonne en elle-même, et bonne su
tout eu égard à la situation de nos finances, consiste à no
occuper le moins possible de l'étranger, à ne pas chercher
exercer une grande influence dans les destinées de l'Europ
c'est-à-dire à garder la politique de la neutralité et
l'abstention.

Aspirer à ce que notre marine rivalise avec les puissant

flottes des nations dont les ressources sont illimitées, prétendre exercer par la force une influence dans les lointaines régions de l'Amérique, nous lancer dans de glorieuses mais ruineuses entreprises, nous imposer d'énormes sacrifices pour exercer les droits et les coûteuses obligations qui pèsent sur les puissances de premier ordre, c'est faucher son blé en herbe, tarir la source du développement de notre richesse, paralyser nos naissants progrès, augmenter notre déficit et amener la ruine de nos finances.

De manière que, si par des motifs purement financiers, il est nécessaire d'introduire une sévère parcimonie dans les services de l'État, cette même situation nous impose une politique extérieure neutre et modeste.

En agissant dans cet ordre d'idées avec résolution, intelligence et persistance, on pourra faire beaucoup et arriver à améliorer les revenus et empêcher l'accroissement continu des dépenses, sinon à les diminuer.

. Après avoir examiné les dépenses, nous avons à nous occuper des recettes.

Dire qu'il importe de réformer l'administration est superflu; discuter quelques-unes des plus importantes réformes dont l'urgence est incontestable sera plus intéressant et non moins opportun, car la marche des idées et des progrès doit nécessairement exercer son influence sur les finances; la plus importante de toutes, nous ne saurions trop le répéter, est de secouer le joug que, de temps immémorial, font peser sur l'administration les influences personnelles et politiques; et s'il est juste de respecter les droits acquis, il est non moins nécessaire de tarir la source des abus et d'a-

dopter des mesures radicales pour en empêcher la contin
tion et le renouvellement : le doute, l'incertitude et le p
visoire font plus de mal qu'un danger connu.

On sait que si les améliorations, les réformes et le dé
loppement de la richesse nationale doivent, avec l'aide
temps, augmenter sensiblement les ressources de l'État,
n'est ni maintenant, ni de plusieurs années encore, que ce
augmentation pourra s'élever au niveau des besoins et att
dre le niveau des dépenses. Aussi, est-ce un devoir de d
la vérité et toute la vérité, puisqu'il faudra inévitablem
recourir à une augmentation d'impôts pour nous affranc
du déficit.

Augmenter les ressources en faisant rendre aux imp
actuels tout ce qu'ils doivent rendre, diminuer les dépen
autant qu'il sera possible, introduire l'économie dans tou
les branches du service, et couvrir le déficit restant par u
augmentation des charges publiques, tel est le seul remè
à la situation.

Il est impossible de continuer avec un déficit normal,
serait marcher, volontairement et d'un pas rapide, à la rui
de nos finances et du pays.

Non-seulement les grands intérêts économiques du pa
exigent un prompt remède à une telle situation, mais les i
térêts politiques et sociaux n'y sont pas moins engagés. U
mauvaise situation financière engendre une mauvaise situa
tion politique. Quand le Trésor manque de ressources,
manque au pays une des premières garanties de l'ordre pu
blic. La perturbation financière et économique entraîne u
perturbation politique et sociale. Aussi est-ce un devoir sac

our les uns d'indiquer, pour les autres d'accepter, et pour
us de faire les sacrifices nécessaires pour éloigner la per-
pective des calamités qui nous menacent.

On peut différer d'opinion sur les moyens qu'il convient
'employer, mais non sur l'étendue du mal et l'urgence d'un
rompt remède, et tous les bons citoyens doivent accomplir
e devoir.

Il est pénible et alarmant pour les contribuables de subir
ne aggravation d'impôts, mais la continuation du déficit
eur causerait de bien plus grands sacrifices.

Qui, si ce ne sont les contribuables, devra payer les énormes sommes auxquelles s'élèveront les intérêts de la dette?

Qui, si ce ne sont eux aussi, devra satisfaire à toutes les
dépenses de l'État, quand arrivera le moment où il sera
impossible de faire face aux dépenses sans recourir à des
moyens extraordinaires ?

Il ne s'agit donc pas de grever ou de ne pas grever les
contribuables comme d'une chose qu'on peut faire ou éviter.
Il s'agit pour eux de payer 2 ou 3 pour 100 de plus sur
leurs revenus maintenant, ou 20 à 25 pour 100 d'ici à peu
d'années. Ne vaut-il pas mieux faire un sacrifice moindre
maintenant qu'un beaucoup plus grand plus tard.

Quoi de pire pour les contribuables que de prolonger
une situation fausse et funeste en ses résultats, dans laquelle
il se fait de grandes dépenses sans augmenter les impôts
immédiatement, mais en grevant outre mesure l'avenir.
Quoi de plus naturel que d'accepter, au prix de sacrifices
supportables, quoique pénibles, les ruineuses menaces de
l'avenir.

Accueillons donc le remède et faisons les sacrifice
sont indispensables pour nous affranchir du déficit da
temps plus éloigné; car, pour arriver tout d'un coup
résultat désirable, il faudrait des moyens extrêmes et pre
inapplicables.

Les charges doivent être prudentes et graduées, de
nière à arriver, dans quatre ou cinq ans, à nivele
budget.

Dans notre opinion, nous aurons atteint un bon rés
si, dans cette période, nous arrivons à ce que les dépe
effectives et les recettes réelles s'équilibrent en ne laiss
découvert que la somme nécessaire pour continuer les
vaux publics ; nous aurons fait un grand pas dans la voi
progrès si, en quatre ou cinq ans, nous voyons les rec
réelles et permanentes de l'État suffire aux dépenses de
les ministères, et suffire au payement intégral des inté
de la dette, et s'il ne nous reste à demander au crédit
la somme nécessaire pour les dépenses des travaux pub

Si on ne doit rien précipiter, il ne faut pas non
perdre un seul instant pour inaugurer le système écono
que qui, seul, peut nous conduire à la cessation du défi
chaque année qui se passe, chaque budget qui se
aggravant le mal, rend de plus en plus coûteux et diffi
le remède; ainsi, dans le budget actuel aujourd'hui et
demain, nous devons introduire le système des réformes
doit nous conduire au but que nous nous proposons d'
teindre.

Nous n'irons pas plus loin : nous avons dit quel ét
dans notre opinion, l'état réel de nos finances, et indi

les moyens qu'une pressante nécessité nous imposait le devoir d'employer. Un des premiers était de faire connaître clairement au pays sa véritable situation financière, les dangers du présent et les menaces de l'avenir.

J'ai cru devoir manifester, comme membre de la Commission du budget, mon opinion personnelle par un vote particulier, et proposer au Congrès une résolution qui peut être d'une grande importance, parce que, ni comme particulier, ni comme simple député, une occasion aussi favorable n'aurait pu m'être offerte.

Ce long préambule m'a paru nécessaire pour éclairer les personnes étrangères à la politique et pour présenter les faits d'une manière tangible (26), exposer avec évidence leurs conséquences, et mettre à la portée de tous la véritable situation financière.

Il me reste à proposer une résolution; elle sera simple. Il serait plutôt contraire qu'utile à la réalisation de ma pensée d'indiquer la manière de la mettre en pratique, d'examiner, ministère par ministère, les chapitres des recettes et des dépenses : l'objet de la résolution que je propose est de provoquer l'étude et l'adoption d'un système qui, au moyen d'économies bien entendues dans les dépenses et d'améliorations considérables dans les recettes, aboutisse dans peu d'années à l'extinction du déficit.

Pour cela, il convient que le Congrès, dans un vote solennel, appelle l'attention du pays sur l'état de nos finances, et oblige le Gouvernement à présenter, dans un bref délai, à l'approbation des Cortès, les mesures nécessaires pour y parvenir.

En conséquence, je propose à l'approbation du Congrè
le vote particulier suivant :

Art. 1er. Sont approuvés les budgets de recettes et dé
penses extraordinaires adoptés par la Commission, sauf le
modifications qui pourront y être introduites par le Congrè

Art. 2. Le Gouvernement présentera dans la prochair
session les modifications et réformes qu'il jugera conve
nables pour établir l'équilibre du budget, et ce, suffisam
ment à l'avance pour qu'elles puissent être adoptées e
mises en vigueur dans le second semestre de l'exercice.

JOSÉ POLO DE BERNABÉ Y BORRÁS.

Palais du Congrès, 1864.

NOTES

1..

Dans le budget courant figurent seulement 32 millions pour intérêts de la dette flottante, tandis que ceux de la Caisse des dépôts réglés par les intérêts correspondants avec la seconde semaine de novembre, devraient être de 98 millions (98,661,939). Les intérêts échus actuellement seraient de 8 à 10 millions en moins, en en déduisant ceux payés pour cette partie de la dette flottante pendant l'exercice courant; mais, en ajoutant ceux payés à la Banque pour ses prêts sur obligations, billets et autres avances, on aura au moins un total de 100 millions pour intérêts de la dette flottante pendant cet exercice. En examinant l'exercice prochain, nous verrons qu'on aura à payer des sommes importantes pour les intérêts de la dette en dehors de ceux qui figurent au budget.

Les intérêts de la dette augmenteront en huit ans, de 1859 à 1867, de 370 millions (370,339,260), ainsi qu'on le démontrera plus loin. — D'ici au 1er juillet 1865 six années et demie sur huit se seront écoulées, et, en les réduisant à six, il faudra déjà payer dans le prochain budget les trois quarts de cette somme, soit 277 millions (277,755,000).

Au budget ordinaire et extraordinaire figurent seulement :

36,000,000, pour intérêts de la dette flottante;

30,580,000, — des 47 millions (47,580,000) qui sont désignés comme inscriptions;

67,188,420, — et amortissement des obligations de chemins de fer.

133,768.420 R.

Il reste donc à y faire figurer 143 millions (143,986,580), et alors aura plus des 120 millions indiqués comme ne figurant pas au budget qu'il faudra payer pour les intérêts de la dette consolidée ou flottan soit pour opérations d'escompte qui se font pour réaliser par anticipati les obligations des acheteurs des biens nationaux; soit qu'on les paye c tensiblement comme intérêts, ou qu'on les confonde dans les opérations crédit réalisées, on aura toujours augmenté le déficit du budget, ce qui résume par une augmentation de la dette publique.

L'augmentation que doivent subir les intérêts de la dette sur la somm fixée au prochain budget peut se démontrer d'une autre manière enco plus irréfutable.

Les dépenses ordinaires faites jusqu'au commencement du procha budget monteront d'après les documents officiels à 2,000 millior (2,011,289,009), dont les intérêts seront de. 120,677,340

Les déficits des budgets monteront pour le moins, jusqu'au commencement du prochain budget, d'après les documents officiels, à 957,604,269, dont les intérêts. . . . 57,456,252

Les intérêts et amortissement des obligations de chemins de fer monteront au prochain budget d'après les documents officiels à. 67,188,420

245,322,012

Il ne figure au budget que. 133,768,420

Les intérêts *ne figurant pas* au budget seront de. . . 111,553,592

Il faut ajouter à cela les intérêts correspondants aux dépenses extraordinaires faites pendant l'exercice, et l'on aura les 120 millions indiqués.

2.

De ces 746 millions dans l'exercice prochain :

R. 200,078,000   d'après le détail au budget extraordinaire sont pour les dépenses des ministères de la justice, guerre et marine, etc.;

67,188,420   intérêts et amortissement des obligations de chemins de fer;

120,000,000   intérêts de la dette non compris dans le budget.

R. 387,266,420   Déficit total pour les dépenses non reproductives et réellement ordinaires.

3.

Loi du 1er avril 1859 accordant un crédit de 2 milliards ;
Loi du 7 avril 1861 accordant un autre crédit de 467 millions ;
Loi du 25 mai 1863 accordant un autre crédit de 351 millions.

4.

Le total voté par les trois lois pour la période de huit ans à courir de 1859 à 1866 augmentant les frais inclus dans le budget ordinaire et pour lesquels les recettes de ce budget ne suffiront pas, a été de 2,818 millions,

Savoir par ministères pour les huit ans :

	Total.	Annuel.
Grâce et justice..	100,000,000	12,500,000
Guerre.	400,000,000	50,000,000
Marine.	700,000,000	82,500,000
Gouvernement.	87,000,000	10,825,000
Finances.	60,000,000	7,500,000
Travaux publics.	1,471,000,000	183,825,000
	2,818,000,000	347,150,000

Savoir : et en outre de ce qui a été voté pour le ministère des travaux publics pour dépenses non reproductives, 1,347 millions en tout, et 163.325,000 annuels.

5.

Les routes de 1re, 2e et 3e classes représenteront un parcours de 32,000 kilomètres selon le plan approuvé et conformément auquel elles doivent être continuées : 18,000 pourront être terminés avec les fonds votés ; il reste donc à voter des fonds pour les 14,000 kilomètres restants qui, calculés seulement à 100,000 R. s'élèveront à 1,400,000,000 réaux.

6.

Les déficits ont été en 1861 de 107,000,000 ; de 226,000,000 du 1ᵉ
vier 1862 au 1ᵉʳ juillet 1863, et le déficit actuel de 1863 à 1864 se
moins de 160,000,000. Total pour les trois ans : 393,000,000 R.

Le déficit des deux années de 1859 à 1860 a été de 50,000,000.

7.

On sait qu'à mesure que ces sommes se dépensent, elles doivent p
intérêts. Ces intérêts doivent être payés, soit comme intérêts des ins
tions soit comme de la dette flottante, ou être compris dans la négoci
d'obligations ou dans toute autre négociation qu'on pourra faire. Su
sons, par exemple, qu'en 1862 on a négocié 112 millions d'obliga
payables en 1863. On a reçu moins de 100 millions et payé plu
12 millions d'intérêts. Dans cette même année 1862 on a négocié 160
lions d'obligations qui seront payables dans l'année 1873. On a indu
blement obtenu moins de 100 millions et payé plus de 60 millions d'
rêts ; et cependant ni dans l'un ni dans l'autre cas les 12 et 60 mil
de R. ne paraîtraient nulle part au budget comme payés à titre
térêts.

En calculant les intérêts à 6 pour 100 et en supposant les 2,818 mil
dépensés par parties égales pendant les huit ans, les intérêts monte
sans être composés, à 583 millions (583,521,000).

Mais cette somme sera énormément dépassée si on ajoute aux dépe
les frais que coûte la négociation d'obligations. Ainsi, par exemple, s
806 millions dépensés dans les budgets de 1864 à 1865, de 1865 à 186
dans la dernière moitié de cette année, sont supposés dépensés au 1ᵉʳ
let 1865 comme échéance commune, et les biens du clergé vendus
ces cinq ans à courir de janvier 1864 à janvier 1869, soit au 1ᵉʳ juillet 1
échéance commune, nous trouverons qu'en prenant des obligations
parties égales des dix ans dans lesquels elles échoient, c'est-à-dire, en
recouvrant dans un terme moyen de 5 ans, on aura payé 30 pour
d'intérêts pour lesdits 806 millions. Cela résulte du calcul de l'inté
6 pour 100, parce qu'à 7 pour 100 ou plus, au lieu de l'intérêt l'esco
sera beaucoup plus grand que la somme à laquelle monte ce qui a
payé.

Pour cette raison et parce que les intérêts des emprunts et de la dette flottante étrangère aux dépenses extraordinaires les ont consommés, je ne parle pas des sommes portées au budget depuis 1859 pour les inscriptions et la dette flottante.

8.

Les subventions accordées montent à......	1,387,000,000
Les intérêts à.................	384,000,000
	R. 1,771,000,000 .
Le budget porte pour intérêts jusqu'à juillet 1865.	244,372,620
Ils seront de 1865 à fin 1866...........	139,627,380
	R. 384,000,000

Ces intérêts, lorsque la loi du 7 avril 1859 a été votée, ont été portés au budget pour 400 millions.

Des 1,771,372,620, une faible partie sera amortie en 1867. Pour la compenser et au delà on ne compte pas l'intérêt composé des R. 384,371,620 et surtout on ne tient pas compte dans les calculs généraux du 1 pour 100 d'amortissement de ces obligations.

9.

Les déficits qui sont dus sur les budgets sont :	
Jusqu'à 1859...................	R. 414,604,269
Jusqu'à 1863 (juillet), plus de.........	383,000,000
Ils seront cette année de plus de........	160,000,000
	R. 957,604,269

qui augmenteront encore considérablement les déficits des budgets de 64 à 65, de 65 à 66 et du milieu de cette dernière année jusqu'à 1867.

Des 543 millions de déficit depuis l'an 1859 jusqu'en juin de cette année, 236,437,228 ne correspondent pas à la diminution des revenus d'outre-mer qui ont monté seulement à 306 millions.

10.

Le terme moyen le plus bas qui puisse raisonnablement être adop
pour tous les calculs est celui de 6 pour 100. A la Caisse des dépôts il re:
sort à plus de 5 pour 100, mais dans les escomptes d'obligations, dans l
émissions faites de billets du Trésor et dans toutes autres négociations o
payera au moins 6 pour 100.

Dans les subventions de chemins de fer en sus du 1 pour 100 d'amor
tissement, il faut tenir compte que les émissions se font au-dessou
du pair.

11.

Dans le budget de 1864 à 1865 figurent déjà 47,580,000 pour intérêt
d'inscriptions des corporations civiles ; mais comme dans les budgets extra
ordinaires de 58 figurent 17 millions correspondant à des dépenses anté
rieures aux lois actuelles de crédit, ils ne doivent pas être comptés et i
faut donc les déduire des 47,580,000, ce qui les réduit à 30 millions.

12.

Le déficit annuel de 460,664,260 R. montera pour les 4 ans de 1867
à 1870 à. 1,828,097,040
A 6 pour 100 pour les intérêts des 4 années. . . .   164,555,033
Total R. 1,992,652,073
Intérêt de cette somme. . . .   119.559,124

13.

Il est difficile de juger le résultat que produira dans le budget et dans
la dette la vente des biens du clergé, telle qu'elle s'effectue et d'après l'emploi de ces produits.

Supposons les biens vendus tout d'une fois au 1er janvier 1866 à 10 ans
de terme, comme ils se vendent aujourd'hui, et les produits employés en

achats de rente 3 pour 100 à 50 ; on aura à recevoir chaque année 150 millions qui, en en déduisant les 30 que produisent actuellement lesdits biens, seront réduits à 120 millions, dont les intérêts employés en 3 pour 100 donneraient une augmentation de 7,200,000 R. dans le budget des recettes.

Dans les 10 ans l'augmentation totale serait de 72,000,000 qui, en déduisant les 30 que produisaient antérieurement les biens, viendraient accroître les recettes de 42 millions. Avec cette somme on pourrait faire face en partie aux augmentations de dépenses pendant les 10 ans, en commençant par celles du clergé dans lesquelles le seul règlement paroissial produira une dépense de 20 à 25 millions. On obtiendrait un résultat semblable en employant les produits de la vente à l'amortissement de la dette, parce que si les recettes n'augmentaient pas, les dépenses seraient diminuées de ces mêmes 42 millions. Mais le fait est qu'en dépensant comme on va le faire les produits de la vente des biens du clergé, les recettes diminueront des 30 millions qu'ils produisent, et la dette de l'État montera à 1,500 millions de plus qu'elle ne devrait. Dans un sens cela revient au même de diminuer l'actif que d'augmenter le passif de l'État. C'est la même chose de le priver des recettes qui lui reviennent des propriétés ou capitaux propres que d'augmenter les dépenses pour les intérêts de la dette publique. C'est la même chose de dépenser les 1,500 millions du produit des ventes des biens de l'État ou bien de les employer à l'amortissement de sa dette, que d'augmenter cette dette d'une somme égale. Dans le premier cas on aura diminué le capital de l'État de 1,500 millions. Dans le deuxième cas son débit sera augmenté de 1,500 millions. Dans les deux cas le capital de la dette sera plus grand de 1,500 millions qu'il n'aurait été si on n'avait pas dépensé le produit de la vente.

14.

On supposerait dépenser pour des travaux publics dans les quatre ans de 1867 à 1870 à raison de 184 millions annuels. . . .   736,000,000

qui avec les 46,229,072 d'intérêts.   46,229,072

formeraient à la fin de 1870. . . . .   R. 782,229,072

en capital et intérêts. . . . .   R. 46,933,744

15.

Les produits pour la vente des biens du clergé ne deviendront effe
qu'à la date où les obligations des acheteurs seront payables.

Prétendre escompter ces obligations ne serait que s'en servir cor
hypothèque pour se procurer des fonds. La dette sera augmentée
capital obtenu et continuera d'augmenter avec les intérêts correspond
à ce capital.

Ensuite, et lorsque les obligations déjà encaissées auront attein
capital correspondant aux 30 millions que produisent les biens, celles
se réaliseront successivement, sont celles qui, en ne tenant pas compte
ce qui est prouvé dans la note antérieure, peuvent être regardées con
devant diminuer le total de la dette publique. Malheureusement elle
trouveront augmenté des intérêts échus depuis le jour où on a disposé
anticipation de ces produits.

En supposant qu'on ne les eût pas dépensés jusqu'à leur échéance
que la vente ait produit 1,500 millions dont l'intérêt serait de 90 millio
en en déduisant les 30 que produisent aujourd'hui les biens, nous auri
une réduction de 60 millions sur la somme à laquelle on estimerait
intérêts de la dette publique. Mais si les 1,500 millions se dépensent i
gralement avec 6 ans d'anticipation, terme moyen des échéances
obligations, l'escompte les diminuera de 540 millions qui devront é
couverts avant de pouvoir rabattre quoi que ce soit des intérêts de
dette.

Les intérêts correspondants à ces 540 millions sont de 32,400,0
lesquels, déduits des 60 millions, réduisent à 27,600,000 la somme à p
voir rabattre du montant total des intérêts de la dette publique.

Que l'on comprenne bien ces observations nécessairement complex
et l'on verra qu'en définitive, de toutes les sommes dont s'augmenter
les intérêts de la dette à partir de l'année 1859, on pourra seulem
rabattre, par suite de l'emploi anticipé des obligations du clergé, u
somme d'environ 27 millions, bien que, pour l'obtenir, on ait vendu
consommé les produits de la vente des propriétés de l'État pour u
valeur de 1,500 millions.

16.

Travaux publics dans les 4 ans, de 1867 à 1870, conversions de la dette, règlements de la dette d'outre-mer et d'offices aliénés, déficit des budgets et dépenses éventuelles dans cette période. Celles occasionnées par la guerre de Saint-Domingue démontrent l'importance que peuvent avoir et qu'ont déjà ces éventualités.

17.

Du 1er janvier 1862 jusqu'au 30 octobre 1863 les dépôts à la Caisse des dépôts ont été de 1,063 millions, c'est-à-dire que ces 22 mois ont fourni au Trésor, pour subvenir à ses besoins, en moyenne 46,954,000 mensuels.

Depuis le 1er novembre 1863 jusqu'au 1er mars 1864, les dépôts cessent et le Trésor reste privé des 187,846,000 correspondant à ces quatre mois. En outre, depuis le 1er novembre 1863 jusqu'au 1er mars 1864 le total des dépôts baisse de 1929 à 1758 millions.

C'est-à-dire que le Trésor ne reçoit pas. 187,846,000

et est obligé de payer. 171,000,000

Différence. . . . . R 358,816,000

contre le Trésor, laquelle somme a dû naturellement l'empêcher de faire face à ses services avec exactitude ou l'a obligé à contracter d'autres emprunts.

18.

Récemment, en France, on a cru indispensable, en présence d'une dette de 900 millions de francs, pour la majeure partie non exigible, de faire un emprunt pour la réduire à 600. Nos budgets sont vis-à-vis du budget français dans la proportion du réal au franc.

19.

En effet, la banque pourrait avoir recouvré au 1er mars environ 60 millions par les obligations échéant cette année.

20.

On obtient, en émettant des inscriptions de dette consolidée 3 p.
les obligations provenant des biens communaux, de bienfaisance et
struction publique ; c'est-à-dire, qu'on obtient, en émettant de la
consolidée, la presque totalité de 2,000 millions votée par la loi du 1ᵉʳ
1859.

L'État obtient les obligations provenant du 20 p. 100 des commu
en se privant d'une recette et en restant dans l'obligation de fai
payement auquel il était destiné. Relativement à celles du clergé et
biens de l'État, voyez les notes 13 et 15.

21.

Les faits décideront, mais je crois que si l'on fait une grande n
ciation d'obligations, il en résultera : 1° que l'emprunt se fera en off
une hypothèque spéciale, c'est-à-dire avec une condition toujours lo
et préjudiciable au crédit d'un État; 2° que, malgré cette hypothè
l'emprunt se fera à un intérêt aussi élevé que celui d'aujourd'hui.
dehors des fonds publics; 3° que le prix inférieur qu'obtiendront
nouveaux titres préjudiciera en effet au cours des anciens.

22.

A la fin de 1852, le 3 p. 100 se cotait en France à 83, et récemm
on a émis un emprunt à 66. Dans l'année 1852 notre 3 p. 100 se cota
47 3/4 et tout paraissait annoncer que la hausse croîtrait et se cons
derait. Néanmoins en mai et décembre 1856 deux emprunts considérab
se sont réalisés à moins de 41.

23.

Il existe en obligations, sauf celles qui ont été escomptées en vertu
décret royal du 26 février dernier..   1,123,542,6

En calculant les biens civils qui restent à vendre.. .   385,000,0

Les biens du clergé, en supposant qu'ils doivent pro-
duire.   1,500,000,0

Total. . . . . . . R. 3,008,542,6

lesquels réalisés à des conditions avantageuses produiront environ 2,020 millions.

De ces obligations, celles qui existent écherront en s'échelonnant jusqu'à l'année 1880, bien que la majeure partie d'elles écherront avant l'année 1871. Plus tard viendront à échéance celles qui restent, parce que les biens du clergé ne sont pas vendus, ni même une grande partie ne sont pas encore livrés au Gouvernement, et ceux des corporations civiles qui restent à vendre sont naturellement les moins estimés. Mais comme ils se vendront à une échéance de 10 années, on peut calculer qu'ils se réaliseront en 14 ans, soit à une moyenne de 7 ans. A cette échéance-là et en calculant l'intérêt seulement à 7 0/0, sans commission ni escompte des capitaux effectifs qu'on obtiendra, les 3,008 millions produiraient les 2,020 milllions indiqués.

<h1 style="text-align:center">24.</h1>

A ce développement les capitaux étrangers ont contribué d'une manière notable, et il est très-utile et même indispensable qu'ils continuent à aider à ce mouvement; mais il ne faut pas oublier qu'une bonne part de l'augmentation de la richesse publique est la propriété des propriétaires de ces capitaux. Le payement des intérêts de ces capitaux est une cause permanente de l'extraction du numéraire.

<h1 style="text-align:center">25.</h1>

L'augmentation de la dette doit alarmer les contribuables et non les porteurs. Ceux-ci sont sûrs du payement des intérêts. Les autres sont sûrs aussi que le poids du payement de ces intérêts pèsera sur leurs propriétés et leur industrie.

<h1 style="text-align:center">26.</h1>

Je n'ai pas cherché à exagérer mes chiffres dans mes calculs, quoique cela puisse paraître à ceux qui les examineront avec passion et légèreté.

Tout au contraire, par exemple, en m'accommodant à la règle générale de l'intérêt à 6 0/0, j'y fais figurer une augmentation de la dette pour les

subventions de chemins de fer, pour 83 millions, de sorte que les inté
et amortissement étant à 7 0/0, les obligations devraient se calculer
102 millions. Je ne fais non plus entrer en ligne de compte les 384 milli
de subventions autorisées et qui en juin 1863 ne l'ont pas encore été.

Ces deux parties augmenteraient annuellement la somme indiquée p
les intérêts de la dette de 47 millions.

J'ai procédé de la même manière pour les dépenses de Santo-
mingo.

PARIS. — J. CLAYE, IMPRIMEUR, 7, RUE SAINT-BENOIT.